职业院校课程改革特色教材（汽车类）

ZHIYE YUANXIAO KECHENG GAIGE TESE JIAOCAI (QICHELEI)

汽车基础
一体化学生手册

■ 车小平　总主编

李显贵　徐子轩　主编

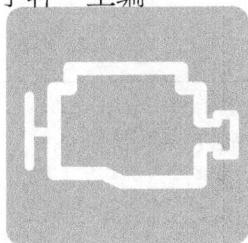

人 民 邮 电 出 版 社

北 京

图书在版编目（CIP）数据

汽车基础一体化学生手册 / 李显贵，徐子轩主编
. -- 北京：人民邮电出版社，2014.9
职业院校课程改革特色教材. 汽车类
ISBN 978-7-115-36122-6

Ⅰ.①汽… Ⅱ.①李… ②徐… Ⅲ.①汽车—高等职
业教育—教学参考资料 Ⅳ.①U46

中国版本图书馆CIP数据核字(2014)第179399号

内 容 提 要

本书与人民邮电出版社出版的《汽车基础一体化教程》一书配套使用。本书的编排顺序与主教材体系完全一致。本书主要内容包括汽车的发展历程、汽车的商品知识、汽车的基本构造、中国汽车服务业概况和汽车服务行业从业人员要求的专业理论知识和初级操作等内容。

本书可作为中、高等职业院校汽车应用类专业的教学用书，也可供有关技术人员参考、学习、培训之用。

- ◆ 总 主 编　车小平
　 主　　编　李显贵　徐子轩
　 责任编辑　刘盛平
　 执行编辑　王丽美
　 责任印制　杨林杰
- ◆ 人民邮电出版社出版发行　　北京市丰台区成寿寺路 11 号
　 邮编　100164　电子邮件　315@ptpress.com.cn
　 网址　http://www.ptpress.com.cn
　 固安县铭成印刷有限公司印刷
- ◆ 开本：787×1092　1/16
　 印张：5　　　　　　　　　　　2014 年 9 月第 1 版
　 字数：82 千字　　　　　　　2024 年 7 月河北第 10 次印刷

定价：15.00 元

读者服务热线：(010)81055256　印装质量热线：(010)81055316
反盗版热线：(010)81055315
广告经营许可证：京东市监广登字20170147号

汽车基础一体化学生手册

编 委 会

总主编：车小平

主　编：李显贵　徐子轩

副主编：车　轩　刘　杰　陈忠恺　李宾燕　周文俊

参　编：黄英邦　黄国钊　吕　亮　莫　斌　黄亦友

　　　　王丽萍　庞寿平　陆玉馨　蒋德有　兰婷婷

　　　　黄兆绪　蒙加茂　陆思定

本书与人民邮电出版社出版的《汽车基础一体化教程》一书配套使用。

本书以岗位典型工作任务中相关的专业理论知识，项目操作规程、方法步骤等内容设置练习题，项目后都附有技能考核评分表、学习成绩统计表，形成了一体化课程教学质量评价体系。

学生可通过本手册中的练习题进一步巩固所学的专业理论知识，按照其中的实践指导内容进行专业技能训练。教师可根据本手册中的考核表对学生综合职业能力和职业素质进行考核评价。

由于编者水平有限，书中难免有不妥和疏漏之处，敬请广大读者批评指正。

编者

2014 年 5 月

目 录 CONTENTS

1 汽车的发展历程

单元一 世界汽车发展史

一、填空题（共 50 分）

1. 世界汽车历史上第一辆汽油发动机汽车诞生于_____年，是德国工程师卡尔·本茨研制出的一辆装有功率为_____瓦汽油机的三轮车。同年，德国另一位工程师_____也研制出一辆用 808.5 瓦（1.1 马力）汽油发动机作动力的四轮汽车。

2. _____年，汽车史上第一辆在生产线上大批量生产装配的四轮汽车_____车在美国诞生。该车一改以往汽车的马车型造型，加上功能配置上的创新和改进，使它成为当时最佳的城市个人交通工具，上市第一年就卖出 1.9 万辆。1920 年，该车从装配线退役时，总共生产了_____万辆。

3. 世界汽车历史上第一辆划时代汽车_____打破了福特 T 型汽车的产量纪录。目前，大众汽车公司又推出新_____，引起人们的极大兴趣。它的优点是结实耐用，不讲究豪华，而且价格大众化。

4. 世界汽车历史上第一辆微型汽车是 1959 年面世的_____轿车，它的面世引发了汽车技术的一场革命。这种小型车在取得观念上的突破的同时，还屡次在汽车赛中取得冠军。50 多年后的今天，这款车仍然流行，几乎所有公司都模仿了它的设计，使之成为最家庭化的轿车。

5. 各国制成第一辆汽车的时间：法国是_____年；美国是_____年；英国是_____年；日本是_____年；俄罗斯是_____年。

二、选择题（共 50 分）

1. 汽车诞生在（　　）年。

A. 1885 　　　　　　　　　　B. 1888 　　　　　　　　　　C. 1886

2. 现代汽车鼻祖是本茨及（　　　）。

A. 福特　　　　　　　　　B. 戴姆勒　　　　　　　　　C. 波尔舍

3. 中国产第一辆汽车解放牌汽车在（　　　）年问世。

A. 1953　　　　　　　　　B. 1956　　　　　　　　　C. 1957

4. 1908 年，汽车史上第一辆在生产线上大量装配的四轮汽车是（　　　）。

A. 大众甲壳虫汽车　　　　B. 福特 T 型车　　　　　　C. 迷你（Mini）轿车

5. 1886 年，德国工程师卡尔·本茨研制成一辆装有（　　　）马力汽油机的三轮车。

A. 1.1　　　　　　　B. 1.0　　　　　　　C. 0.9

三、单元一学习成绩统计

单元一的教学任务全部完成后，对本项目单元中的各个理论学习领域进行学习成绩统计，见表 1-1。

表 1-1　　　　　　　　　　　单元一学习成绩统计表　　　　　　　考核教师签字：_____

序号	考核内容	配分	评分标准	考核记录	扣分	得分
1	世界汽车发展史知识填空题	50	能完成所有题目，错漏一题扣 10 分			
2	世界汽车发展史知识选择题	50	能完成所有题目，错漏一题扣 10 分			
合计		100				

单元二　中国汽车发展史

一、填空题（共 100 分）

1. 我国的第一辆汽车于_____年 5 月在沈阳问世，命名为_____ 75 型汽车，开辟了中国自制汽车的先河。

2. 新中国成立后，中国汽车产业才得以建立和发展。_____年 7 月第一汽车制造厂动工兴建，1956 年 7 月投产。_____年 7 月 13 日我国生产出第一辆载货的解放牌汽车。_____年 5 月，我国第一汽车制造厂自主设计、生产了第一辆红旗牌轿车。

3. 中国汽车产业的发展过程可以分成 3 个阶段：创建阶段、_____阶段和对外开放阶段。

4. 中国汽车产业的创建阶段是_____年—_____年。

5. 中国汽车产业的创建阶段的标志是_____的建成。当时，该厂的设计能力为年生产汽车_____万辆，产品是载重 4 吨的载货汽车和相应的越野车。

6. 中国汽车产业的独立自主发展阶段是_____年—_____年。

7. 进入 60 年代，在国家和省市支持下，南京、上海、北京和济南汽车制造厂成立，相应建立了专业化生产模式的总成和零部件配套厂，为今后发展大批量、多品种生产协作配套体系奠定了初步基础，形成 5 个汽车制造厂，年生产能力近_____万辆、_____个车型品种。1965 年底，全国民用汽车保有量近_____万辆，其中国产汽车 17 万辆（一汽累计生产 15 万辆）。

8. _____年开始筹建第二汽车制造厂，建厂初期的主要产品是中国人自己开发的载重 5 吨的_____牌载货汽车 20 世纪 80 年代中期达到年产中型载货汽车_____万辆以上的规模，成为国内生产规模最大的企业，产品深受用户欢迎。

9. 第二汽车制造厂的工厂设计和工艺设计都是_____完成的，_____%的生产设备是国产设备。在当时条件十分困难的中国，第二汽车制造厂的建成可以说是一个奇迹。

10. 中国汽车产业的对外开放阶段是_____年—_____年。

11. 中国汽车产业的对外开放阶段是我国汽车工业由_____经济体制向_____经济体制转变的转型期。这一时期的特点是：商用汽车发展迅速，商用汽车产品系列逐步完整，生产能力逐步提高，具有了一定的自主开发能力，重型汽车、轻型汽车不足的情况得到改变。

12. _____年，中国与德国合营的上海大众汽车有限公司正式成立；南京汽车工业联营公司同意大利依维柯公司在南京签署了引进意大利菲亚特集团依维柯公司 S 系列轻型汽车许可证转让和技术援助合同。

13. 1986 年，天津汽车工业公司引进日本大发公司_____技术许可证转让合同在天津签字；中法合资广州"_____"汽车有限公司投产；第一辆国产斯达—斯太尔重型汽车在_____总厂下线。

14. 1989 年，第一汽车制造厂新建的轿车装配线组装出首批_____轿车。

15. 1990 年，二汽东风_____型 8 吨载货汽车批量投产；第一汽车制造厂和德国大众公司_____辆轿车合资项目在北京签字；第一汽车制造厂和德国大众汽车公司合资年生产_____万辆普及型轿车的项目在北京正式签约；第二汽车制造厂与_____汽车公司合资生产轿车项目在巴黎签约，签约的合同为第一期工程，目标为年产_____万辆C级普通型轿车，最终目标为年产_____万辆C级和B级普通轿车。

16. 1991 年，第一汽车制造厂—大众生产的第一辆_____轿车下线。

17. 1993 年，日本汽车界在中国最大的合资企业江西五十铃汽车有限公司在_____成立。

18. 1998 年，上海—大众汽车有限公司为 1998 款新车——上海_____（时代超人）轿车举行新车上市仪式；全国人民关注的民族品牌高档轿车——全新_____轿车在第一汽车制造厂隆重亮相；上海通用汽车有限公司生产的首辆_____新世纪轿车在浦东金桥新落成的工厂顺利下线。

19. 1999 年，广州本田 99 款_____轿车正式投入生产；第一汽车制造厂—大众公司引进开发的_____高级轿车开始生产。

20. 2000 年，中国汽车产量首次超过_____万辆。

21. 2001 年，奇瑞、吉利汽车等一批新的轿车企业进入_____。

22. 2002 年，全国汽车产量_____万辆，超过加拿大、西班牙和韩国，成为世界_____大汽车生产强国。

23. 2003 年，汽车产销猛增，中国汽车工业产销再创新高，累计汽车产销量分别为_____万辆和_____万辆。

24. 2003 年 5 月，吉利集团生产出中国第一辆跑车_____，同年 10 月该车被中国国家博物馆永久收藏。

25. 2005 年，我国汽车总销量达到_____万辆，同比增长 11.76%。

26. 2007 年底，我国已上升到全球汽车销售_____大国的地位，全国在用机动车保有量_____亿辆，私人机动车保有量为_____亿辆。

27. 2009 年，中国汽车累计产销突破_____万辆，同比增长创历年最高，中国成为世界_____汽车生产和消费国。

28. 2010 年，我国汽车产销量双双突破_____万辆，蝉联世界第一。

29. 2011 年，我国实现汽车产销_____万辆和_____万辆，我国汽车产销总量继续居全球_____。

30. 2012 年，我国汽车产销双双超过_____万辆，创全球历史新高，蝉联世界第一。

31. 2013 年，我国汽车产销双双超过_____万辆，增速大幅提升，并且再次刷新全球纪录，已连续五年蝉联全球第一。

32. "十二五"时期，我国汽车产量将达到_____万—_____万辆。

33. 看图填空。

图 1-1 _____

图 1-2 _____

图 1-3 _____

图 1-4 _____

图 1-5 _____

图 1-6 _____

图 1-7 _____

图 1-8 _____

图 1-9 _____

图 1-10 _____

图 1-11 _____

图 1-12 _____

二、单元二学习成绩统计

单元二的教学任务全部完成后，对本单元中的各个理论学习领域进行学习成绩统计，见表 1-2。

表 1-2　　　　　　　　　　单元二学习成绩统计表　　　　　　考核教师签字：_____

序号	考核内容	配分	评分标准	考核记录	扣分	得分
1	中国汽车发展史知识填空题	100	能完成所有题目，错漏一题扣 3 分			
合计		100				

单元三　广西壮族自治区汽车发展史

一、填空题（共 100 分）

1. 1969 年，柳州农业机械厂和柳州机械厂一同试制成功_____牌 LGS-130 型载重汽车，载重量为 2.5 吨，结束了广西不能造汽车的历史，首开广西汽车生产的先河。1980 年，"柳江"牌汽车停产，12 年间累计生产_____辆。

2. 1979 年，柳州汽车厂成功开发出_____牌柴油 5 吨载货汽车，填补了国内中型柴油商用车的空白。

3. 1980 年，_____厂试制成功 6105Q 型柴油发动机，开始配套东风汽车公司。

4. 1982 年，广西第一辆_____货车试制成功。

5. 2001 年，东风柳州汽车有限公司推出面向公务、商务和旅游市场的新一代多功能乘用车_____商务车，广西开始了乘用车的研发和制造。

6. 2003 年，广西第一辆轿车——上汽通用五菱汽车股份有限公司雪佛兰_____微型轿车上市。

7. 2003 年柳州汽车产量年产突破_____万辆大关，达到_____万辆。

8. 2004 年 12 月，广西玉柴机器股份有限公司自主研发中国首台世界体积最小的_____排量微型轿车柴油发动机，填补中国轿车用柴油发动机空白。

9. 2005 年广西汽车产量达到_____万辆。

10. 2006 年柳州汽车产量年产已经冲破_____万辆大关，逼近_____万辆。

11. 2007 年柳州全年的汽车产量突破_____万辆。

12. 2007 年 10 月，广西第一款自主品牌的面向家庭的小型多功能乘用车_____上市。

13. 2009 年，上汽通用五菱汽车股份有限公司汽车产量突破_____万辆。

14. 2009 年，广西第一款新能源客车——桂林客车工业集团有限公司和国家电网上海雷博新能源汽车技术联合开发制造的_____纯电动公交客车正式下线。

15. 2009 年，柳州五菱汽车工业有限公司自主研发的五菱微型_____货车和_____社区车双双下线。

16. 2010 年 11 月 22 日，广西第一款中型轿车上汽通用五菱汽车股份有限公司生产的_____轿车正式下线。

17. 2011 年，广西汽车产量为_____辆。

18. 2012 年，广西壮族自治区汽车产量为_____辆。

19. 2013 年，广西壮族自治区汽车产量为_____辆。

20. "十二五"期间，广西采取多种措施，进一步支持广西汽车产业做强做优，力争汽车整车年产销突破_____万辆，其中轿车及小型多功能乘用车产量突破_____万辆；车用内燃机达到 300 万台。

21. 看图填空

图 1-13 _____

图 1-14 _____

图 1-15 _____

图 1-16 _____

图 1-17 _____

图 1-18 _____

图 1-19 _____

图 1-20 _____

图 1-21 _____

图 1-22 _____

二、单元三学习成绩统计

单元三的教学任务全部完成后，对本单元中的各个理论学习领域进行学习成绩统计，见表 1-3。

表 1–3　　　　　　　　　单元三学习成绩统计表　　　　　　　　　核教师签字：_____

序号	考核内容	配分	评分标准	考核记录	扣分	得分
1	广西汽车发展史知识填空题	100	能完成所有题目，错漏一题扣 5 分			
合计		100				

单元一 汽车的分类知识

一、填空题（共 10 分）

1. 通常人们所说的汽车一般指_____汽车。但从广义上讲，汽车应该包括_____汽车、_____汽车、_____汽车和其他燃料汽车。

2. 按照国家最新标准_____对汽车的定义：由动力驱动，具有 4 个或 4 个以上车轮的非轨道承载的车辆，主要用于_____、牵引载运人员和（或）货物的车辆和其他特殊用途车辆。

3. 按照国家标准 GB 9417—89 对中国汽车的分类规定，将汽车分类为_____、越野汽车、_____、牵引汽车、专用汽车、_____、_____和半挂车 8 类。

4. 2005 年起，我国采用 GB/T 3730.1—2001 标准将汽车分为_____和_____两大类。

5. 载货汽车主要用于运送货物。根据国产汽车编号规则规定，载货汽车的车辆类别代码为_____，主参数代码为厂定最大_____。

6. 载货汽车根据最大总质量不同，可分为：微型货车_____；轻型货车_____；中型货车_____；重型货车_____。

7. 根据国产汽车编号规则规定，越野汽车的车辆类别代码为_____，主参数代码为厂定最大_____。

8. 越野汽车根据最大总质量不同，可分为轻型越野汽车_____；中型越野汽车_____；重型越野汽车_____；超重型越野汽车_____。

9. 根据国产汽车编号规则规定，自卸汽车的车辆类别代码为_____，主参数代码为厂定最大_____。

10. 根据最大总质量不同，自卸汽车等级可分为：轻型自卸汽车_____；中型自卸汽车_____；重型自卸汽车_____。

11. 根据国产汽车编号规则规定，牵引汽车的车辆类别代码为_____，主参数代码为厂定最大_____。

12. 根据最大总质量不同，牵引汽车可分为轻型半挂牵引车_____；中型半挂牵引车_____；重型半挂牵引车_____；超重型半挂牵引车_____。

13. 根据国产汽车编号规则规定，专用汽车的车辆类别代码为_____，主参数代码为厂定最大_____。

14. 专用汽车的产品序号中各字母的含义：X_____；G_____；Q_____；C_____；T_____；Z_____。

15. 客车具有长方形车厢，主要用于载送人员及其随身行李物品的汽车。按用途不同可分为_____、_____、_____和_____等。

16. 根据国产汽车编号规则规定，客车的车辆类别代码为_____，主参数代码为厂定_____。

17. 按车身长度不同，客车可分为：微型客车_____；轻型客车_____；中型客车_____；大型客车_____。

18. 轿车用于载送人员及其随身物品，是_____。

19. 根据国产汽车编号规则规定，轿车的车辆类别代码为_____，主参数代码为厂定_____。

20. 按发动机排量大小分类，轿车可分为：微型轿车_____；普通级轿车_____；中级轿车_____；中高级轿车_____；高级轿车_____。

21. 半挂车自身不能行动需要牵引车牵引的车辆为挂车，只有车架，无发动机。其类别包括挂车、半挂车、中置轴挂车。根据国产汽车编号规则规定，半挂车的车辆类别代码为_____，主参数代码为厂定最大_____。

22. 我国重新制定了有关汽车分类的新标准（GB/T 3730.1－2001）。其中最显著的修改，一是废除_____的提法，改称为_____，将汽车分为_____和_____两大类。

23. 乘用车的定义为：就其设计和技术特性而言，主要用于_____及其_____或偶尔运载物品，包括驾驶员在内，最多为_____座的汽车，它可以牵引挂车。乘用车分为普通乘用车、_____、高级乘用车、_____、敞篷车、仓背乘用车、_____、多用途乘用车、短头乘用车、_____、专用乘用车 11 类。

24. 商用车指的是_____以外，主要用于运载人员、货物及牵引挂车的汽车。商用车分为_____、_____和_____ 3 类。客车细分为_____、城市客车、_____、旅游客车、铰接客车、_____、越野客车、_____。货车细分为_____、多用途货车、全挂牵引车、_____、专用作业车、_____。

25. 乘用车按车身结构又可分为_____、_____和_____。

26. 三厢式是指车身结构由_____个相互封闭、用途各异的厢组成。前部_____舱安置轿车发动机、变速器、转向机构等，现代轿车发动机舱还担负起被动安全的作用；中部_____舱设计坚固、刚性大；后部_____舱担负降低追尾所致伤害功能。

27. 二厢式是指车身结构由_____个相互封闭、用途各异的厢组成。前部_____舱安置轿车发动机、变速器、转向机构等，现代轿车发动机舱还担负起被动安全的作用；中后部_____舱设计坚固、刚性大。

28. 单厢式是指车身结构由_____个相互封闭、用途各异的厢组成。

29. 乘用车还可细分为_____乘用车、多功能车（MPV）、_____和交叉型乘用车 4 类，它是根据现阶段我国汽车工业发展的特点进行区别划分的。上述 4 类车型又分别按照厢门、排量、变速箱的类型和燃料类型进行了细分。

30. 基本型乘用车英文名称为 basic car，它的概念基本等同于旧标准中的_____，但在统计范围上又不完全同于轿车。这种区别主要表现在将旧标准轿车中的部分非轿车品种如 GL8、奥德赛、切诺基排除在基本型乘用车外。

31. 多功能车（MPV）近年来行业引进的外来称谓，英文名称为 mulitypurpose vehicle，它是集轿车、_____和_____的功能于一身。

32. SUV（Sports Utility Vehicle）起源于美国，同样也是近年美国市场最畅销的车型。SUV是集越野、储物、旅行、牵引多种功能为一体的，所以称之为_____车辆。

二、单元一学习成绩统计

单元一的教学任务全部完成后，对本单元中的各个理论学习领域进行学习成绩统计，见表 2-1。

表 2-1　　　　　　　　　　单元一学习成绩统计表　　　　　　考核教师签字：＿＿＿＿＿＿

序号	考核内容	配分	评分标准	考核记录	扣分	得分
1	汽车的概念和定义知识	10	能完成所有题目，错漏一题扣1分			
2	我国的汽车分类知识	10	能完成所有题目，错漏一题扣1分			
3	我国汽车编号规则知识	40	通过查看能正确识别汽车种类、生产企业、商标、车型等			
4	我国汽车分类的新标准知识	40	能完成所有题目，错漏一题扣1分			
合计		100				

单元二　汽车产品外部标识知识

一、填空题（共 30 分）

1. 我国《汽车产品外部标识管理办法》中规定的汽车产品外部标识是指注册商品商标、＿＿＿＿＿＿＿＿、商品产地、＿＿＿＿＿＿＿＿＿＿＿及型号、发动机排量、变速箱型式、驱动型式及反映车辆特征的其他标识。

2. 国家发展和改革委员会制定的＿＿＿＿＿＿＿＿＿＿＿，自 2006 年 2 月 1 日起施行。国产车一定要在＿＿＿＿＿＿标明身份，不能再一概以进口血统自居。

3. 我国《汽车产品外部标识管理办法》中规定国产汽车在车身前部外表面的易见部位上应当至少装置一个能＿＿＿＿＿＿＿的商品商标。

4. 我国《汽车产品外部标识管理办法》中规定国产乘用车、商用车、挂车在车身尾部显著位置（在保险杠之上的后部车身表面）上，应标注汽车生产企业名称、＿＿＿＿＿＿＿＿、＿＿＿＿＿＿＿＿＿＿等。如果标注商品图形商标，则应标注于车身尾部外表面的左右中间位置（车身尾部带备用轮胎架或车身后部左右开门的车辆除外）。

5. 我国《汽车产品外部标识管理办法》中规定乘用车、商用车车身的前部和尾部标识中，汽车生产企业名称、商品商标、车型名称等应能＿＿＿＿＿＿＿，不得采用油漆喷涂方式和不干胶粘贴方式。

6. 看图填空。

图 2-1　汽车商品商标

二、实践题（共 70 分）

通过实际观察各种汽车外形和观察汽车外部的汽车产品外部标识，识别的汽车产品外部标识信息，并将所观察到的识别的汽车的种类、汽车生产企业名称、商品商标、车型名称及汽车的一些结构特征信息记录在"汽车产品外部标识记录表"上，见表 2-2、表 2-3 和表 2-4。

表 2-2　　　　　　　　　　　汽车产品外部标识记录表（1）

汽车外部查看部位	汽车种类	汽车生产企业名称	商品商标	车型名称	发动机排量	驱动形式	变速箱形式	其他
观察汽车外形								
查看汽车前部								
查看汽车尾部								
查看汽车车身两侧								

表 2-3　　　　　　　　　汽车外部的汽车产品外部标识记录表（2）

汽车外部查看部位	汽车种类	汽车生产企业名称	商品商标	车型名称	发动机排量	驱动形式	变速箱形式	其他
观察汽车外形								
查看汽车前部								
查看汽车尾部								
查看汽车车身两侧								

表 2-4 汽车外部的汽车产品外部标识记录表（3）

汽车外部查看部位	汽车种类	汽车生产企业名称	商品商标	车型名称	发动机排量	驱动形式	变速箱形式	其他
观察汽车外形								
查看汽车前部								
查看汽车尾部								
查看汽车车身两侧								

三、单元二学习成绩统计

单元二的教学任务全部完成后，对本单元中的各个理论学习领域、技能训练成绩等进行学习成绩统计，见表 2-5。

表 2-5 单元二学习成绩统计表 核教师签字：_____

序号	考核内容	配分	评分标准	考核记录	扣分	得分
1	我国对汽车的管理和规定理论知识	30	能完成所有题目，错漏一题扣 1 分			
2	我国对汽车的管理和规定实践题	70	能完成所有题目，错漏一题扣 1 分			
合计		100				

单元三 车辆识别代码（VIN）与汽车标牌

一、填空题（共 10 分）

1. 现在国外各汽车公司生产的汽车大都使用了 VIN（Vehicle Identification Number）车辆识

别代码。它由一组字母和阿拉伯数字组成，共_____位，是识别一辆汽车不可缺少的工具。

2. VIN 编码包含该车的_____、制造公司或生产厂家、_____、品牌名称、车型系列、_____、发动机型号、_____、安全防护装置型号、检验数字、装配工厂名称和出厂顺序号码等。

3. 车辆识别代码（VIN）编码 17 位编码经过排列组合，可以使车型生产在_____年之内不会发生重号，又称为"汽车身份证"。

4. VIN 具有很强的_____、_____、_____以及最大限度的信息载量和可检索性。

5. VIN 编码一般以_____的形式，装贴在汽车的不同部位。

6. 车辆识别代码应尽量标示在车辆右侧的_____，易于看到且能防止磨损或可替换的车辆结构件上。9 人座或 9 人座以下的车辆和最大总质量小于或等于 3.5 吨的载货汽车的车辆识别代码应永久地标示在_____靠近风窗立柱的位置，在白天不需移动任何部件从车外_____出车辆识别代码。

7. 我国从_____起颁布了新的《车辆识别代码管理办法（试行）》，从 2004 年 12 月 1 日起实行。国家标准《道路车辆识别代码（VIN）》（GB 16735—2004）于 2004 年 7 月 12 日由国家质检总局、国家标准化管理委员会正式批准，于_____实施。

8. 车辆识别代码由___个部分组成：第一部分，世界制造厂识别代码_____；第二部分，车辆说明部分_____；第三部分，车辆指示部分_____。

9. 车辆识别代码（VIN）编号规则填空。

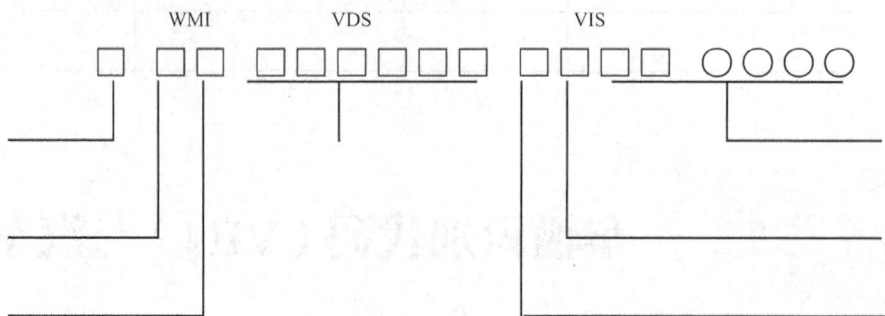

10. 车辆识别代码（VIN）的第一部分 WMI 是_____识别代码，必须经过申请、批准和备案后方能使用。

11. 车辆识别代码（VIN）的第一部分 WMI 由 3 个字码组成，在车辆识别代码（VIN）

中的第 1 至第 3 位。

第 1 位：_____

第 2 位：_____

第 3 位：_____

12. 中国的 WMI 前两位字码为_____，它规定了在中国境内生产的汽车产品的 WMI 编码必须在该区段内。

13. 车辆识别代码（VIN）的第二部分 VDS 是_____代码，由六位字码组成，在车辆识别代码（VIN）中的第 4 至第 9 位。

第 4 位：_____

第 5 位：_____

第 6 位：_____

第 7～第 8 位：_____

第 9 位：_____

14. 代码（VIN）的第三部分 VDI 是_____代码，由 8 位字码组成，在车辆识别代码（VIN）中的第 10 至第 17 位。

第 10 位：_____

第 11 位：_____

第 12～第 17 位：_____

15. 轿车的车辆识别代码（VIN）为：L F P H 5 A B A 2 W 9 124 423，按表 2-6 所示填空。

表 2-6 　　　　　　　　　　轿车的车辆识别代码释义

车辆识别代码（VIN）	L	F	P	H	5	A	B	A	2	W	9	124423
各位（VIN）代码定义												

16. 对 VIN 标示年份字码对照表进行填空，见表 2-7。

表 2-7　　　　　　　　　　　标示年份的代码对照表

年份	代码	年份	代码	年份	代码	年份	代码
	1	1981		1991			1
	2	1982		1992			2
	3	1983		1993			3
	4	1984		1994			4
	5	1985		1995			5
	6	1986		1996			6
	7	1987		1997			7
	8	1988		1998			8
	9	1989		1999			9
	A	1990		2000			A

17. 我国《道路车辆产品标牌》（GB/T 18411—2001）对道路车辆产品标牌的_____、_____、_____及固定方法作出了具体要求。

18. 汽车标牌的内容：（1）标志出汽车制造厂_____的文字或图案；（2）标示出汽车制造厂合法的_____及备案的世界制造厂识别代码（WMI）；（3）如果车辆通过了型式认证，标示出型式_____编号；（4）标示出已备案的_____；（5）应标示出汽车制造厂编制的汽车的_____；（6）应标示出_____型号、最大净功率或排量，（7）应标示出汽车的_____。（8）应标示出汽车产品的_____；（9）应标示出汽车产品的_____。

19. 每一辆车都应有标牌。标牌应位于汽车_____，如受结构限制，亦可放在便于接近和观察的其他位置，如半承载式车身、非承载式车身结构的汽车在右纵梁上，一厢式车身在车身_____，两厢式车身、三厢式车身的汽车在发动机_____。

二、实践题（共 30 分）

1. 车辆识别代码（VIN）识别（共 15 分）

根据《车辆识别代码（VIN）管理规则》在汽车上查找出车辆识别代码（VIN）安装位置后，读取被查找车辆识别代码（VIN），并在表 2-8～表 2-10 内做记录。

表2-8　　　　　　　　　　　　_____型客车车辆识别代码（VIN）记录表

车辆识别代码（VIN）																
各位VIN代码定义																

表2-9　　　　　　　　　　　　_____型轿车车辆识别代码（VIN）记录表

车辆识别代码（VIN）																
各位VIN代码定义																

表 2-10　　　　　　　　　　型货车车辆识别代码（VIN）记录表

车辆识别代码（VIN）																
各位VIN代码定义																

2. 汽车标牌识别（共 15 分）

根据《道路车辆产品标牌》在汽车上查找出道路车辆产品标牌安装位置后，读取被查找车辆产品标牌参数，并将数据填写在图 2-2～图 2-7 所示相应的汽车标牌内。

制造

（如果车辆通过了型式认证，标示出型式认证编号）

品牌：　　　　　　　　型号：

发动机型号：

发动机最大净功率：　　kW　最大设计总质量：　　　kg

最大设计装载质量：　　kg　座位数：

生产序号：　　　　　　生产日期：　　年　月

图 2-2 　　　　　型载货汽车标牌

制造

（如果车辆通过了型式认证，标示出型式认证编号）

品牌：　　　　　　　　　　型号：

发动机型号：

发动机最大净功率：　　　　kW　　最大设计总质量：　　　　kg

最大设计装载质量：　　　　kg　　座位数：

生产序号：　　　　　　　　生产日期：　　　年　　月

图 2-3 　　　　　　型载货汽车标牌（2）

制造

（如果车辆通过了型式认证，标示出型式认证编号）

品牌：　　　　　　　　　　型号：

发动机型号：

发动机最大净功率：　　　　kW　　额定载客人数：

最大设计总质量：　　　　kg

生产序号：　　　　　　　　生产日期：　　　年　　月

图 2-4 　　　　　　型客车标牌（1）

制造

（如果车辆通过了型式认证，标示出型式认证编号）

品牌：　　　　　　　　　　型号：

发动机型号：

发动机最大净功率：　　　　kW　　额定载客人数：

最大设计总质量：　　　　kg

生产序号：　　　　　　　　生产日期：　　　年　　月

图 2-5 　　　　　　型客车标牌（2）

制造

（如果车辆通过了型式认证，标示出型式认证编号）

品牌：　　　　　　　　　型号：
发动机型号：
发动机最大净功率：　　　kW　座位数：
最大设计总质量：　　　　kg
生产序号：　　　　　　　生产日期：　　年　　月

图 2-6　　　　　　型乘用车标牌（1）

制造

（如果车辆通过了型式认证，标示出型式认证编号）

品牌：　　　　　　　　　型号：
发动机型号：
发动机最大净功率：　　　kW　座位数：
最大设计总质量：　　　　kg
生产序号：　　　　　　　生产日期：　　年　　月

图 2-7　　　　　　型乘用车标牌（2）

三、综合考核（共 60 分）

1. 汽车车辆识别代码（VIN）识别考核（共 40 分）

（1）准确找出所指定汽车车辆识别代码（VIN）安装位置。

（2）将所指定汽车车辆识别代码（VIN）准确记录在表 2-11 内，并对车辆识别代码（VIN）各位代码做准确解释。

表 2–11 _____型汽车车辆识别代码（VIN）识别考核表　得分：　　指导教师签字：

（VIN）识别代码安装位置																	
车辆识别代码（VIN）	1	2	3	4	5	6	7	8	9	10	11	12	13	14	15	16	17
（VIN）识别代码安装位置																	
各位 VIN 代码定义																	

2. 汽车标牌识别考核（共 20 分）

（1）准确找出对所指定汽车车辆标牌安装位置。

（2）对所指定汽车车辆标牌准确记录在图 2-8 中，并对车辆标牌各参数做准确解释。

得分：　　指导教师签字：

制造

品牌：　　　　　　　型号：
发动机型号：
发动机最大净功率：　　kW　座位数：
最大设计总质量：　　kg
生产序号：　　　　生产日期：　　年　月

图 2-8 _____型乘用车标牌

四、单元三学习成绩统计

单元三的教学任务全部完成后，对本单元中的各个理论学习领域、技能训练和考核成绩等进行学习成绩统计，见表 2-12。

表 2-12　　　　　　　　　　　单元三学习成绩统计表　　　　　　　考核教师签字：_____

序号	考核内容	配分	评分标准	考核记录	扣分	得分
1	车辆识别代码（VIN）知识	5	能完成所有题目，错漏一题扣 1 分			
2	汽车标牌知识	5	能完成所有题目，错漏一题扣 1 分			
3	车辆识别代码（VIN）识别实践	15	能正确识别车辆识别代码			
4	汽车标牌实践	15	能正确识别汽车标牌			
5	车辆识别代码（VIN）识别考核	40	能正确完成全部考核内容			
6	汽车标牌识别考核	20	能正确完成全部考核内容			
合计		100				

3 汽车的基本构造

单元一 汽车行驶基本原理

一、知识填空题（共 100 分）

1. 汽车的行驶，主要是汽车的_____的作用，如果汽车的驱动力足以克服汽车的_____、上坡阻力、惯性阻力和_____等各种行驶阻力时，汽车便能行驶。

2. 汽车的驱动力来自于_____，发动机所产生的转矩，经传动系统传给驱动轮，使驱动轮上产生驱动力矩，对地面产生一个向后的推力，地面就给驱动轮一个相应的反作用力，这个反作用力就是推动汽车向前行驶的_____或叫牵引力。当驱动力足够大时，便可克服汽车的各个行驶阻力驱动汽车行驶。

3. 汽车驱动力的大小，取决于驱动轮的驱动转矩和_____。

4. 驱动力的最大值固然取决于发动机的最大转矩和传动系的传动比，但实际发出的驱动力还受到轮胎与路面之间的_____的限制。

5. 汽车的行驶阻力主要有汽车的_____、上坡阻力、_____和空气阻力等。

6. 汽车的滚动阻力是指车轮滚动时轮胎与路面变形而产生的_____。其大小与_____和状况、轮胎的结构和气压、汽车总质量等有关。

7. 汽车的空气阻力是指汽车行驶时，汽车与_____相互作用而产生的阻力。这个阻力是由于空气涡流的压力，车后气压降低的吸力及空气与汽车表面的摩擦力所构成的。其大小与汽车的_____、车身曲线和车速等有关。

8. 汽车的上坡阻力是指汽车上坡时,汽车的总质量沿平行路面的_____要使汽车后退。这一总质量的分力就叫上坡阻力。阻力的大小和汽车的_____、坡度大小成正比。

9. 汽车的惯性阻力是指汽车的_____而产生的。惯性阻力的大小与汽车的质量和_____。

10. 汽车的惯性阻力在汽车起步和加速时它_____汽车前进；在减速停车时，又产生继续使汽车向前的_____。因此，汽车在起步和加速时，驱动力必须克服因惯性而产生的阻力。

11. 驱动力与总行驶阻力的关系：当驱动力等于各行驶阻力之和时，汽车_____行驶；当驱动力大于各行驶阻力之和时，汽车_____行驶；当驱动力小于各行驶阻力之和时，汽车_____或停驶。

二、单元一学习成绩统计

单元一的教学任务全部完成后，对本单元中的各个理论学习领域进行学习成绩统计，见表 3-1。

表 3-1 　　　　　　　　　　　　单元一学习成绩统计表　　　　　　考核教师签字：_____

序号	考核内容	配分	评分标准	考核记录	扣分	得分
1	汽车行驶基本原理知识	100	能完成所有题目，错漏一题扣 10 分			
合计		100				

单元二　汽车总体构造

一、填空题（共 30 分）

1. 汽车一般由_____、底盘、_____和电气设备 4 个基本部分组成。

2. 补全如图 3-1 所示汽车构造的 4 个部分。

3. 发动机的作用是使供入其中的燃料_____而发出动力。发动机使用的燃料有汽油、_____和代用燃料_____（LPG）、压缩天然气（CNG）等。

4. 发动机是由_____、配气机构、_____、冷却系、_____、点火系（汽油发动机采用）、起动系等部分组成。

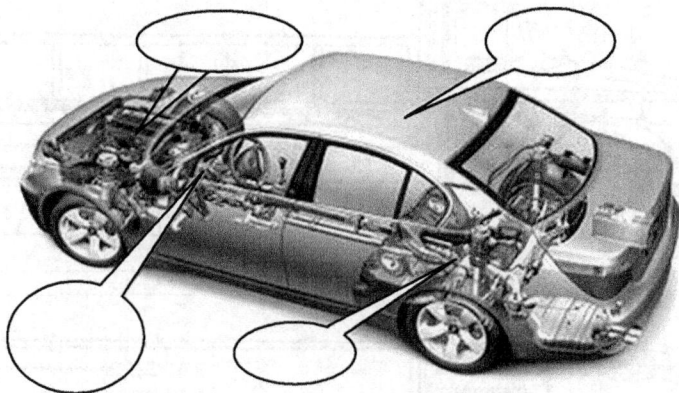

图 3-1　汽车总体构造示意图

5. 汽车底盘接受发动机的动力，使汽车产生运动，并保证汽车按照驾驶员的操纵正常行驶。底盘由传动系、_____、转向系、_____等部分组成。

6. 车身是驾驶员工作地场所，也是装载乘客和货物的场所。车身结构包括车身壳体、_____、_____、内外装饰件、座椅等。

7. 电气设备由_____、发动机起动系和点火系、_____和信号装置组成。在现代汽车上装有各种电子设备：微处理机、中央计算机系统及各种人工智能装置等。

8. 整车装备质量（kg）：汽车_____的质量，包括润滑油、_____、随车工具、备胎等所有装置的质量。

9. 最大总质量（kg）：_____的总质量。

10. 轴距（mm）：汽车前轴中心至_____的距离。

11. 轮距（mm）：同一车轿左、右轮胎胎面中心线间的_____。

12. 最小离地间隙（mm）：汽车满载时，_____至地面的距离。

13. 最高车速（km/h）：汽车在平直道路上行驶时能达到的_____速度。

14. 最大爬坡度（%）：汽车满载时的最大_____能力。

15. 平均燃料消耗量（L/100km）：汽车在道路上行驶时_____平均燃料消耗量。

二、实践题（共 70 分）

进行如图 3-2 所示汽车整车几何参数测量，并将测量结果填入表 3-2 中。

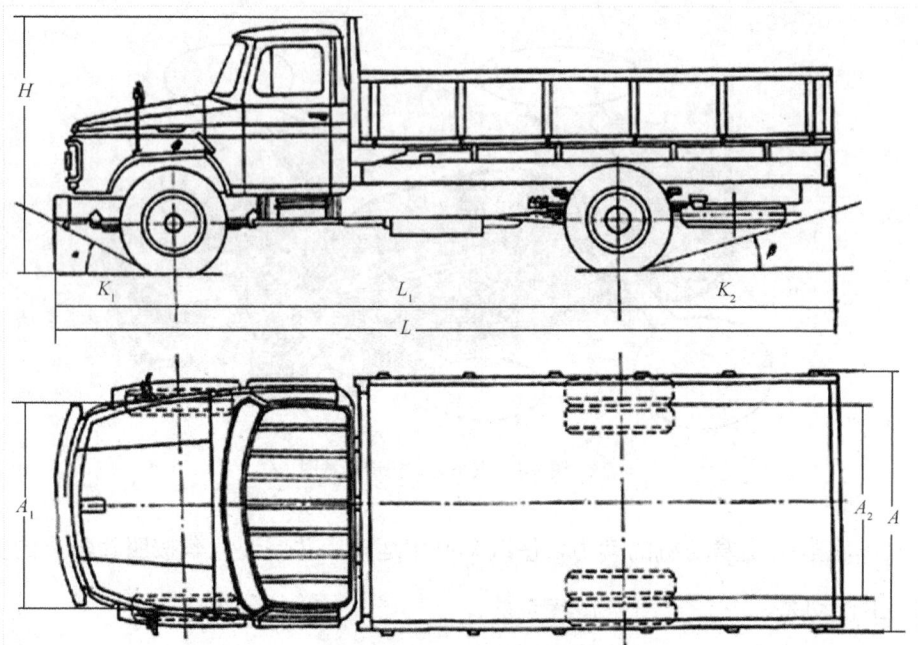

图 3-2　汽车整车几何参数示意图

表 3-2　　　　　　　　　　　　　整车几何参数测量记录表

车型：	检测项目		测量结果
几何参数	前轴（kg）		
	后轴（kg）		
	总长 L（mm）		
	总宽 A（mm）		
	总高 H（mm）		
	轴距 L_1（mm）		
	轮距	前轮 A_1（mm）	
		后轮 A_2（mm）	
	行驶角	接近解 α（°）	
		离去角 β（°）	
	前悬 K_1（mm）		
	后悬 K_2（mm）		

三、单元二学习成绩统计

单元二的教学任务全部完成后，对本单元中的各个理论学习领域、技能训练成绩等进行学习成绩统计，见表3-3。

表3-3　　　　　　　　　　　单元二学习成绩统计表　　　　　　考核教师签字：_____

序号	考核内容	配分	评分标准	考核记录	扣分	得分
1	汽车总体构造知识	30	能完成所有题目，错漏一题扣5分			
2	汽车整车几何参数测量实践	70	能完成整车几何参数测量			
合计		100				

单元三 汽车发动机构造知识

一、填空题（共 20 分）

1. 发动机是汽车的动力装置，根据燃烧燃料的不同可分为_____发动机和_____发动机。

2. 写出如图 3-3 所示的发动机的类型。

_____发动机　　　　　　　　　_____发动机

图 3-3　发动机构造

3. 汽油发动机由两大机构五大系统组成：曲柄连杆机构、_____、燃料供给系、冷却系、_____、_____、起动系。柴油发动机由两大机构四大系统组成，没有_____。

4. 曲柄连杆机构是使内燃机实现工作循环、_____的传动机构，用来传递力和_____方式。

5. 曲柄连杆机构包括：机体组、_____和_____。

6. 写出如图 3-4 所示的发动机曲柄连杆机构各部分的名称。

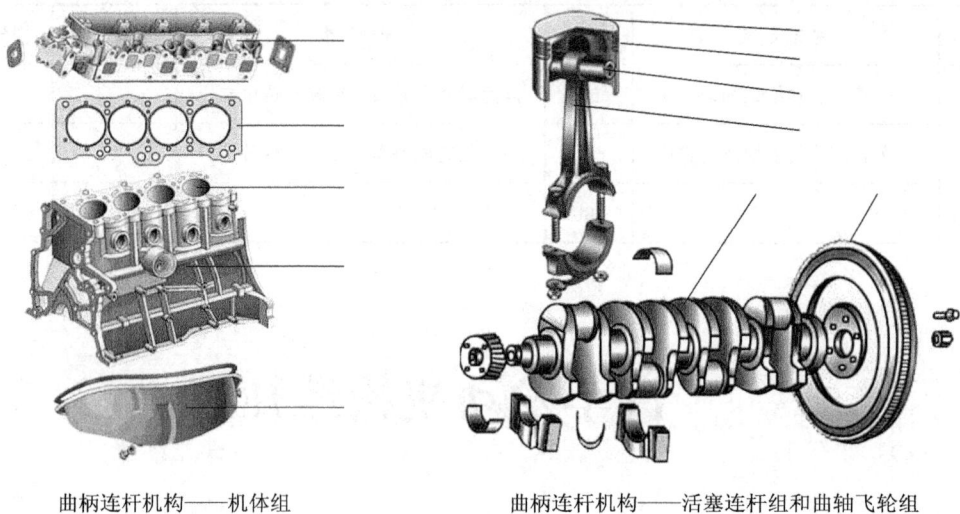

曲柄连杆机构——机体组　　　　　　　曲柄连杆机构——活塞连杆组和曲轴飞轮组

图 3-4　发动机曲柄连杆机构

7. 配气机构包括：_____和气门传动组。

8. 写出如图 3-5 所示的发动机配气机构各部分的名称。

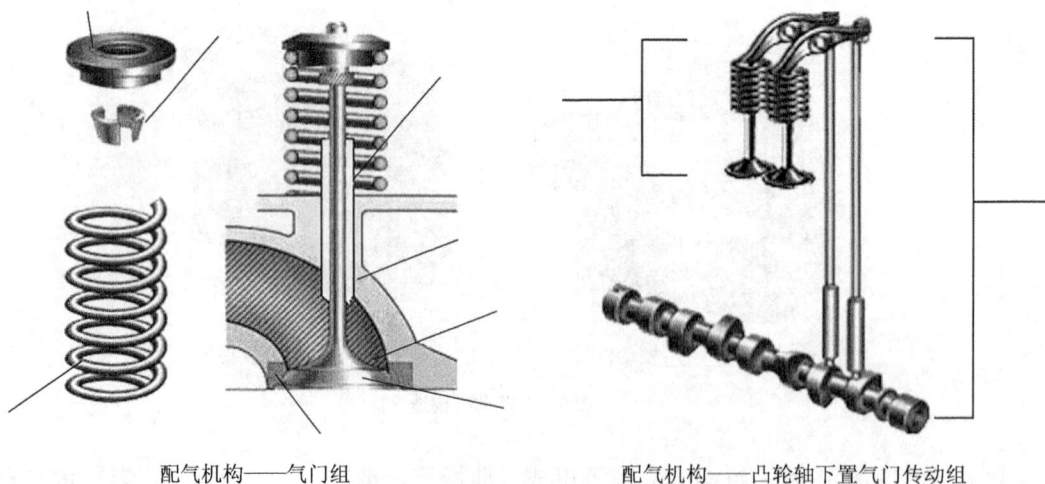

配气机构——气门组　　　　　　　配气机构——凸轮轴下置气门传动组

图 3-5　发动机配气机构

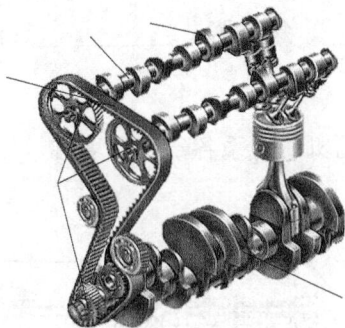

配气机构——凸轮轴顶置气门传动组

图 3-5　发动机配气机构（续）

9. 气门组用来_____和打开进、排气道口。气门传动组的作用：（1）用来使关闭和_____进、排气门；（2）控制气门_____时刻和开启与关闭的规律。

10. 冷却系的作用是对发动机工作中产生的高温进行_____，保证发动机的正常工作。

11. 冷却系一般由水箱、_____、_____、风扇、节温器、水温表和放水阀组成。汽车发动机采用两种冷却方式，即_____和水冷却。一般汽车发动机多采用水冷却。

12. 写出如图 3-6 所示的发动机冷却系各部分的名称。

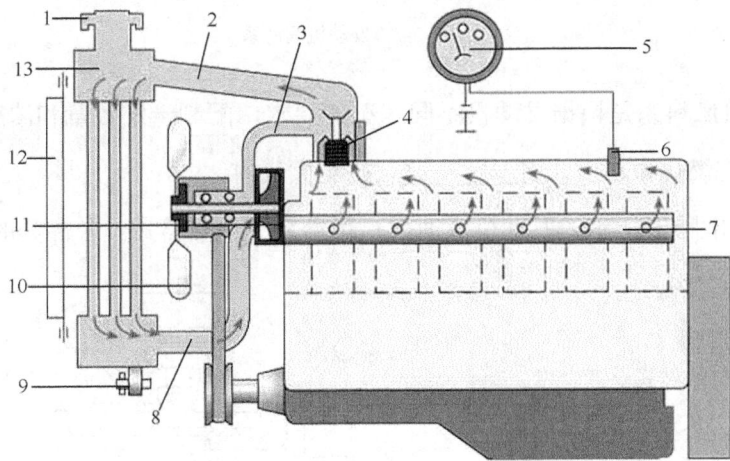

1—_____　2—_____　3—_____　4—_____　5—_____

6—_____　7—_____　8—_____　9—_____　10—_____

11—_____　12—_____　13—_____

图 3-6　发动机冷却系

13. 润滑系的主要作用是对发动机主要摩擦零件进行_____。

发动机润滑系由_____、集滤器、_____、油道、限压阀、_____、感压塞及油尺等组成。

14. 写出如图 3-7 所示发动机润滑系各部分的名称。

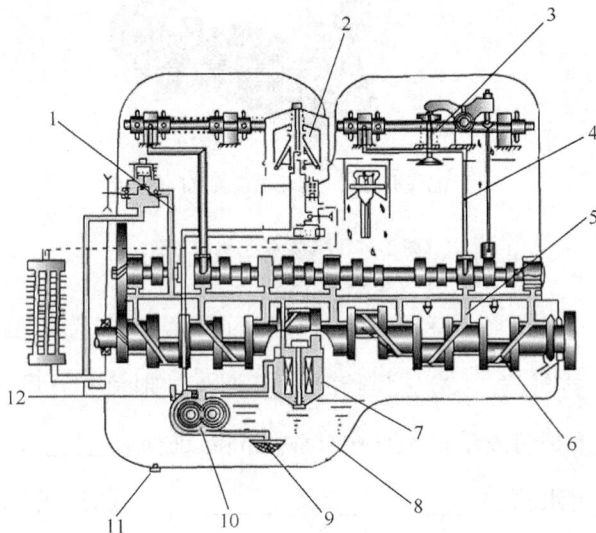

1—_____ 2—_____ 3—_____ 4—_____ 5—_____ 6—_____

7—_____ 8—_____ 9—_____ 10—_____ 11—_____ 12—_____

图 3-7　发动机润滑系

15. 汽油机燃料系是根据发动机不同工况的要求，配制一定数量和浓度的_____，供给气缸，并在燃烧做功后，将_____排至大气中。

16. 写出如图 3-8 所示的发动机汽油燃料供给系（化油器式）各部分的名称。

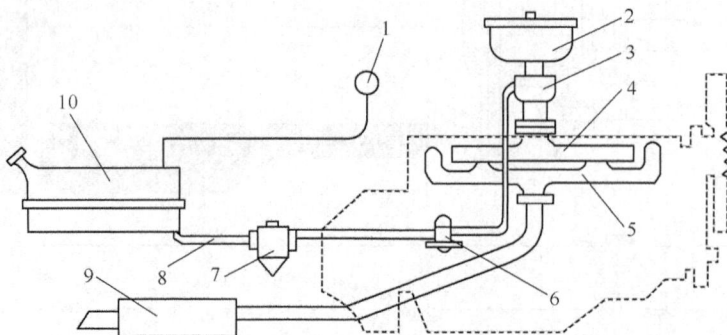

1—_____ 2—_____ 3—_____ 4—_____ 5—_____

6—_____ 7—_____ 8—_____ 9—_____ 10—_____

图 3-8　汽油燃料供给系（化油器式）

17. 写出如图 3-9 所示的汽油机燃料系（燃油喷射式）各部分的名称。

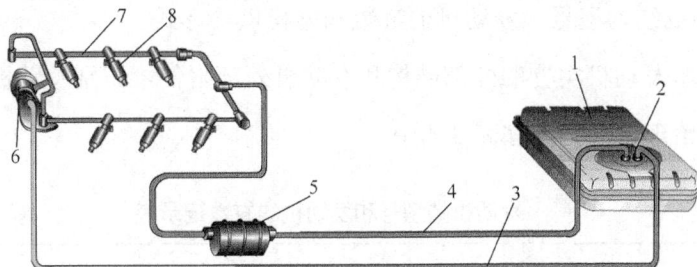

1—_____ 2—_____ 3—_____ 4—_____

5—_____ 6—_____ 7—_____ 8—_____

图 3-9　汽油机燃料系（燃油喷射式）

18. 柴油机燃料系是根据柴油机的不同工况，将相应的燃油定时、_____以一定的压力及_____喷入燃烧室，迅速形成良好的混合气并燃烧。

19. 柴油机燃料系由油箱、_____、_____、低压油管、_____、喷油器、高压油管、_____、进气管和气缸盖内的进气道、_____、气缸盖内的排气道、排气管及排气消声器等组成。

20. 写出如图 3-10 所示的柴油机燃料系各部分名称。

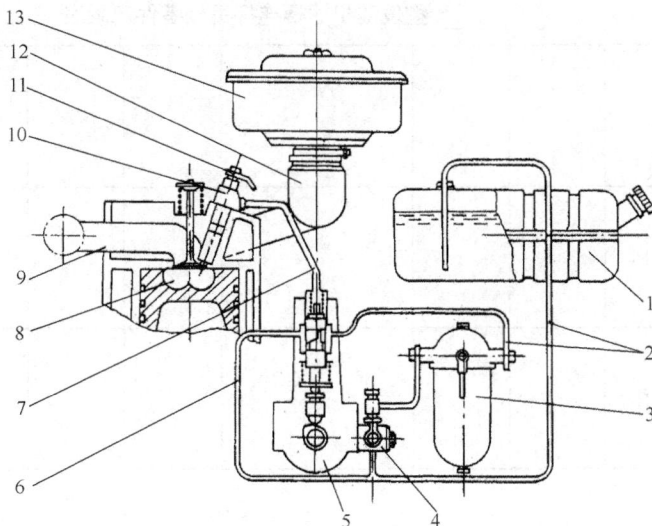

1—_____ 2、6—_____ 3—_____ 4—_____ 5—_____ 7—_____

8—_____ 9、12—_____ 10—_____ 11—_____ 13—_____

图 3-10　柴油机燃料系

二、实践题（共 30 分）

1. 认识发动机结构型号、发动机的缸数和燃料供给形式

通过查看汽车发动机实物的外部结构和发动机外部附件，识别发动机的燃料形式、气缸的数量和燃料供给形式，记录在表 3-4 中。

表 3-4　　　　　　　　　　发动机的型号和发动机的缸数记录表

发动机型号	发动机燃料形式	气缸的数量	燃料供给形式

2. 认识曲柄连杆机构

通过对发动机外部和内部结构查看，认识曲柄连杆机构各零件。将查看到的曲柄连杆机构各零件名称，记录在表 3-5、表 3-6 中。

表 3-5　　　　　　　　　　_____型发动机曲柄连杆机构零件记录表

机体组零配件名称							
活塞连杆组零配件名称							
曲轴飞轮组零配件名称							

表 3-6   _____型发动机曲柄连杆机构零件记录表

机体组零配件名称									
活塞连杆组零配件名称									
曲轴飞轮组零配件名称									

3. 认识配气机构

通过对发动机配气机构查看，认识配气机构各零件。将查看到的配气机构各零件名称记录在表 3-7、表 3-8 中。

表 3-7   _____型发动机配气机构零件记录表

气门组零配件名称									
气门传动组零配件名称									

表 3-8   _____型发动机配气机构零件记录表

气门组零配件名称									
气门传动组零配件名称									

4. 认识冷却系

从发动机外部查看有关冷却系的各零件安装位置和连接情况，认识冷却系的各零件。并将查看到的冷却系零件名称记录在表 3-9、表 3-10 中。

表 3-9 　　　　　　　　　　型发动机冷却系零件记录表

冷却系零件名称								

表 3-10 　　　　　　　　　　型发动机冷却系零件记录表

冷却系零件名称								

5. 认识润滑系

从发动机外部查看有关润滑系的各零件安装位置和连接情况，认识润滑系的各零件，并将查看到的润滑系零件名称记录在表 3-11、表 3-12 中。

表 3-11 　　　　　　　　　　型发动机润滑系零件记录表

润滑系零件名称								

表 3-12 　　　　　　　　　　型发动机润滑系零件记录表

润滑系零件名称								

6. 认识燃料系

从发动机外部查看有关燃料系的各零件安装位置和连接情况，认识燃料系的各零件。并将查看到的燃料系零件名称记录在表 3-13、表 3-14 中。

表 3-13 ＿＿＿＿＿＿＿＿＿型燃料系零件记录表

燃料系零件名称								

表 3-14 ＿＿＿＿＿＿＿＿＿型燃料系零件记录表

燃料系零件名称								

三、综合考核（共 50 分）

准确找到所指定的汽车发动机的曲柄连杆机构、配气机构、冷却系、润滑系、燃料系的装置和零件，将配气机构、冷却系、润滑系、燃料系等系统的装置和零件名称填写到表 3-15 中。

表 3-15 汽车发动机构造认识考核记录表

曲柄连杆机构零件名称								
配分	10							
配气机构零件名称								
配分	10							
冷却系零件名称								
配分	5							
润滑系零件名称								
配分	5							
燃料系零件名称								
配分	10							

汽车发动机构造技能考核评分表见表 3-16。

表 3-16　　　　　　　　　　汽车发动机构造技能考核评分表　　　　　核教师签字：_____

序号	考核内容	配分	评分标准	考核记录	扣分	得分
1	曲柄连杆机构零件名称	10	① 能熟悉认识曲柄连杆机构零件名称 ② 不漏项			
2	配气机构零件名称	10	① 能熟悉认识配气机构零件名称 ② 不漏项			
3	冷却系 零件名称	5	① 能熟悉认识冷却系零件名称 ② 不漏项			
4	润滑系 零件名称	5	① 能熟悉认识润滑系零件名称 ② 不漏项			
5	燃料系 零件名称	10	① 能熟悉认识燃料系零件名称 ② 不漏项			
6	职业素养	10	① 规范操作、安全规范 ② 学习态度			
合计		50				

四、单元三学习成绩统计

单元三的教学任务全部完成后，对本单元中的各个理论学习领域、技能训练和考核成绩等进行学习成绩统计，见表 3-17。

表 3-17　　　　　　　　　　单元三学习成绩统计表　　　　　考核教师签字：_____

序号	考核内容	配分	评分标准	考核记录	扣分	得分
1	汽车发动机构造理论知识填空题	20	能完成所有题目，错漏一题扣 1 分			
2	汽车发动机构造知识实践题	30	能正确完成所有项目			
3	典型汽车发动机构造认识考核	50	能正确完成所有项目			
合计		100				

单元四 汽车的底盘构造知识

一、填空题（共 20 分）

1. 底盘作用是支撑、_____及其各部件、总成，形成汽车的整体造型，并接受发动机的_____，使汽车产生运动，保证正常行驶。

底盘由_____、行驶系、_____和_____4 部分组成。

2. 汽车发动机所发出的动力靠_____传递到驱动车轮。传动系具有减速、_____、倒车、_____、_____和轴间差速等功能，与发动机配合工作，能保证汽车在各种工况条件下的_____，并具有良好的动力性和经济性。

3. 传动系主要是由_____、变速器、_____、传动轴和_____等组成。

4. 汽车传动系传动知识填空，见图 3-11。

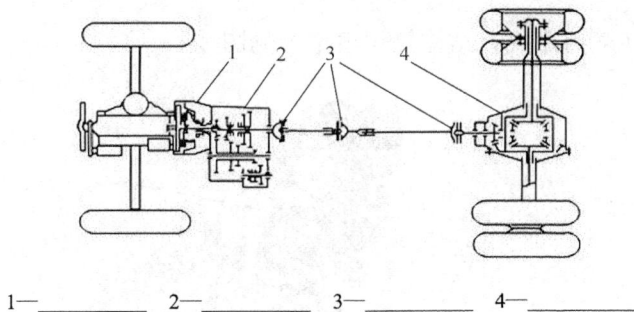

1—_____ 2—_____ 3—_____ 4—_____

图 3-11 汽车传动系传动原理图

5. 离合器是传动系的第一个总成，其作用是使发动机的动力与传动装置平稳地或暂时地分离，以便于驾驶员进行汽车的_____、停车、_____等操作。

6. 离合器安装在_____和变速器之间的离合器箱体内，箱体外部装有离合器操纵机构和离合器踏板连接。

7. 变速器是用于汽车_____、改变输出扭矩。

8. 变速器安装在变速器箱体内安装在_____后部，变速器箱体外部装有变速器操纵机构和变速杆连接。

9. 万向传动装置的作用是在轴线相交且相互位置经常变化的_____之间传递动力。

10. 驱动桥的功用是将万向传动装置输入的动力经_____、改变动力_____后，分配到左右驱动轮，使汽车行驶，并允许驱动轮以不同的转速旋转。

11. 驱动桥是传动系的_____总成。

12. 行驶系是由车架、_____、_____和车轮等部分组成。

13. 行驶系的功用：（1）把汽车连成一个整体并_____汽车的总质量，将传动系传来的转矩转化为汽车行驶的牵引力；（2）承受并传递路面作用于车轮上的_____和力矩；（3）缓和_____，保证汽车平顺行驶；（4）与_____配合，实现正确控制汽车的行驶方向。

14. 车架是整个汽车的_____。其作用是：（1）安装汽车的各个总成和部件，并使它们保持正确的相对_____；（2）承受各种静、动_____。

15. 悬架是车架（或承载式车身）与车桥（或车轮）之间一切传力_____装置的总称。其作用是把路面作用于车轮上的各种力及其力矩传递到_____（或承载式车身）上，以保证汽车正常行驶。

16. 汽车悬架（麦弗逊式）结构知识填空，见图 3-12。

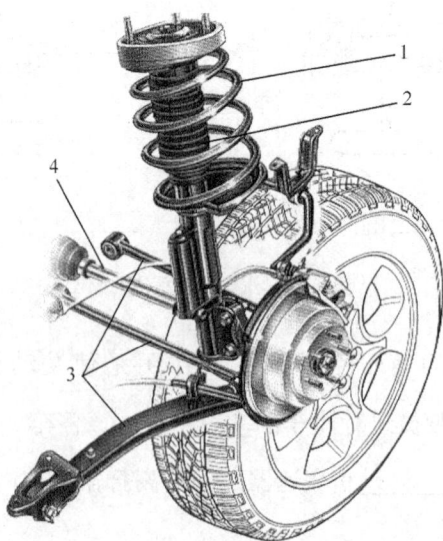

1—_____ 2—_____ 3—_____ 4—_____

图 3-12 汽车悬架（麦弗逊式）结构示意图

17. 车桥的作用是_____车架和车轮之间的作用力以及这些力所形成的力矩。

18. 车轮的作用：（1）_____汽车的质量；（2）传递汽车与_____之间的各种

力和力矩；（3）缓和由路面传来的_____；（4）保证汽车的行驶_____。

19. 汽车上用来改变或恢复其行驶_____的专设机构称为汽车转向系统。转向系统由转向_____、转向器和转向_____组成。

20. 汽车转向结构知识填空，见图3-13。

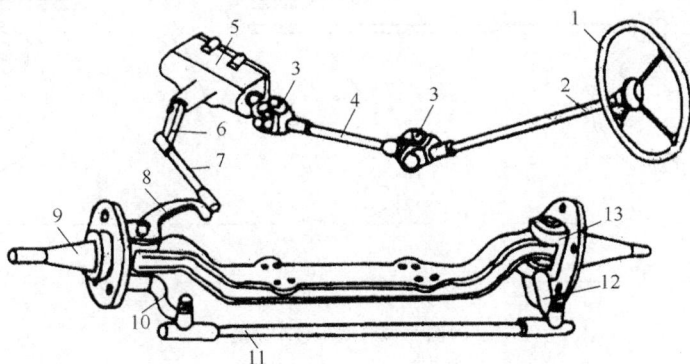

1—_____　2—_____　3—_____　4—_____　5—_____　6—_____　7—_____

8—_____　9—_____　10—_____　11—_____　12—_____　13—_____

图3-13　汽车转向结构

21. 制动系的作用是使行驶中的汽车按照驾驶员的要求进行强制_____甚至停车；使已停驶的汽车在各种道路条件下（包括在坡道上）稳定_____；使下坡行驶的汽车速度保持_____。

22. 制动系统一般由制动_____和制动器2个主要部分组成。

23. 每一辆汽车都必须具备_____系统和_____系统。用以使行驶中的汽车降低速度甚至停车的制动系统称为_____系统；用以使已停驶的汽车驻留原地不动的制动系统则称为_____系统。

24. 制动系统可分为人力制动系统、动力制动系统和伺服制动系统等。以驾驶员的肌体作为唯一制动能源的制动系统称为_____系统；完全靠由发动机的动力转化而成的气压或液压形式的势能进行制动的系统称为_____系统；兼用人力和发动机动力进行制动的制动系统称为伺服制动系统或_____系统。

25. 汽车行车制动系知识填空，如图3-14所示。

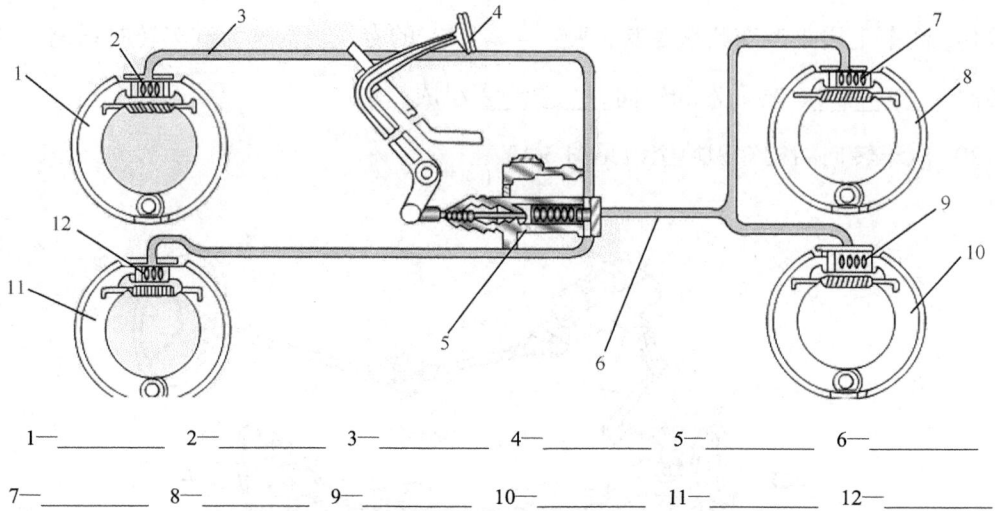

图 3-14　汽车行车制动系

1—_____ 　2—_____ 　3—_____ 　4—_____ 　5—_____ 　6—_____

7—_____ 　8—_____ 　9—_____ 　10—_____ 　11—_____ 　12—_____

二、实践题（共 30 分）

1. 认识汽车底盘构造

查看汽车底盘的外部结构，必要时用举升机将汽车顶起查看汽车底盘的结构。重点查看传动系、行驶系、转向系和制动系 4 部分的结构和连接情况，并将查看到的传动系、行驶系、转向系和制动系零件名称，填写到表 3-18、表 3-19 中。

表 3-18　_____型汽车传动系、行驶系、转向系和制动系结构零件名称记录表

传动系						
行驶系						
转向系						
制动系						

表 3-19 　　　　　　　型汽车传动系、行驶系、转向系和制动系结构零件名称记录表

传动系								
行驶系								
转向系								
制动系								

2. 认识离合器构造

从底盘外部查看有关离合器的各零件安装位置和连接情况，并将查看到的离合器零件名称记录在表 3-20 中。

表 3-20 　　　　　　　型离合器零件记录表

离合器 零件名称								
离合器操纵 机构名称								

3. 认识变速器构造

从底盘外部查看有关变速器的各零件安装位置和连接情况，并将查看到的变速器零件名称记录在表 3-21 中。

表 3-21 　　　　　　　型变速器零件记录表

变速器 零件名称								
变速器操纵 机构名称								

4. 认识万向传动装置

从底盘外部查看有关万向传动装置的各零件安装位置和连接情况，并将查看到的万向传动装置零件名称记录在表 3-22 中。

表 3-22   _____型万向传动装置零件记录表

万向传动装置 零件名称								

5. 认识驱动桥构造

从底盘外部查看有关驱动桥的各零件安装位置和连接情况，并将查看到的驱动桥零件名称记录在表 3-23 中。

表 3-23   _____型驱动桥零件记录表

驱动桥机构 零件名称								

6. 认识悬架构造

从底盘外部查看有关悬架的各零件安装位置和连接情况，并将查看到的悬架零件名称记录在表 3-24 中。

表 3-24   _____型悬架零件记录表

悬架机构 零件名称								

7. 认识车桥构造

从底盘外部查看有关车桥的各零件安装位置和连接情况，并将查看到的车桥零件名称记录在表 3-25 中。

表 3-25 _____型车桥零件记录表

车桥机构零件名称							

8. 认识车轮结构

从底盘外部查看有关车轮的各零件安装位置和连接情况，并将查看到的车轮零件名称记录在表 3-26 中。

表 3-26 _____型车轮零件记录表

车轮零件名称							

三、综合考核（共 50 分）

准确找到所指定的汽车底盘的离合器机构、变速器机构、万向传动装置、车架机构、悬架机构、车桥机构、车轮等装置和零件。并将离合器机构、变速器机构、万向传动装置、车架机构、悬架机构、车桥机构、车轮等装置和零件名称填写到表 3-27 中。

表 3-27 _____型汽车底盘构造考核记录表

离合器机构零件名称									
配分	5								
变速器机构零件名称									
配分	10								
万向传动装置零件名称									
配分	5								
悬架机构零件名称									

续表

离合器机构零件名称								
配分	5							
驱动桥机构零件名称								
配分	10							
车轮零件名称								
配分	5							

汽车底盘构造技能考核，见表 3-28。

表 3-28 汽车底盘构造考核评分表

序号	考核内容	配分	评分标准	考核记录	扣分	得分
1	离合器机构零件名称	5	① 能熟悉认识离合器机构零件名称 ② 不漏项			
2	变速器机构零件名称	10	① 能熟悉认识变速器零件名称 ② 不漏项			
3	万向传动装置零件名称	5	① 能熟悉认识万向传动装置零件名称 ② 不漏项			
4	悬架机构零件名称	5	① 能熟悉认识悬架零件名称 ② 不漏项			
5	驱动桥机构零件名称	10	① 能熟悉认识驱动桥机构零件名称 ② 不漏项			
6	车轮零件名称	5	① 能熟悉认识车轮零件名称 ② 不漏项			
7	职业素养	10	① 规范操作、安全规范 ② 学习态度			
合计		50				

四、单元四学习成绩统计

单元四的教学任务全部完成后，对本单元中的各个理论学习领域、技能训练和考核成绩等进行学习成绩统计，见表 3-29。

表3-29　　　　　　　　单元四学习成绩统计表　　　　　　考核教师签字：_____

序号	考核内容	配分	评分标准	考核记录	扣分	得分
1	汽车底盘构造理论知识填空题	20	能完成所有题目，错漏一题扣1分			
2	汽车底盘构造知识实践题	30	能正确完成所有规定题目			
3	典型汽车底盘构造认识考核	50	通过查看能正确写出典型汽车底盘各构造的零件名称			
合计		100				

单元五　汽车车身构造知识

一、填空题（共20分）

1. 车身安装在底盘的车架上，用以驾驶员、旅客乘坐或装载货物。轿车、客车的车身一般是_____，货车车身一般是由_____和货箱两部分组成。

2. 车身壳体（白车身）是一切车身部件的_____基础。客车车身多数具有明显的_____，而轿车车身和货车驾驶室则_____。车身壳体通常还包括在其上敷设的_____、隔热、_____、防腐、_____等材料及涂层。

3. 车门通过_____安装在车身壳体上，其结构较复杂，是保证车身的使用性能的重要部件。

4. 车身外部装饰件主要是指_____、车轮装饰罩、_____、浮雕式文字等。散热器面罩、_____、灯具以及_____等附件也有明显的装饰性。

5. 车内部装饰件包括仪表板、顶棚、侧壁、座椅等表面_____以及窗帘和地毯。在轿车上广泛采用天然纤维或_____的纺织品、_____或多层复合材料、连皮泡沫塑料等表面覆饰材料；在客车上则大量采用纤维板、纸板、_____、铝板、花纹橡胶板以及_____等覆饰材料。

6. 车身附件有门锁、门铰链、_____、各种密封件、_____、风窗洗涤器、_____、后视镜、拉手、_____、烟灰盒等。

7. 在现代汽车上常常装有无线电收放音机和杆式天线，在有的汽车车身上还装有_____、电视机或加热食品的_____和小型电冰箱等附属设备。

8. 车身内部的通风、_____、_____以及空气调节装置是维持车内正常环境、保证驾驶员和乘客_____的重要装置。_____也是车身内部重要装置之一。

9. 座椅由_____、坐垫、靠背和_____等组成。坐垫和靠背应具有一定的_____。调节机构可使座位_____或上下移动以及调节坐垫和靠背的_____。在某些货车驾驶室和客车车厢中还设置适应夜间长途行车需要的_____。

10. 为保证行车安全，在现代汽车上广泛采用对乘员施加约束的_____、头枕、_____以及汽车碰撞时防止乘员受伤的各种缓冲和包垫装置。

二、实践题（共 30 分）

1. 认识车身外部装饰件

从汽车车身外部查看有关车身外部装饰件安装位置和连接情况，并将查看到的车身外部装饰件名称记录在表 3-30 中。

表 3-30　　　　　　　　　_____型车身外部装饰件记录表

车身外部装饰件名称								

2. 认识车身附件

从汽车车身内、外部查看有关车身附件安装位置和连接情况，并将查看到的车身附件名称在车身附件记录表内做记录，见表 3-31。

表 3-31　　　　　　　　　_____型车身附件记录表

车身附件名称								

3. 认识汽车安全部件

从汽车内部查看有关汽车安全部件安装位置和连接情况，并将查看到的汽车安全部件名称记录在表 3-32 中。

表 3-32 _____型车身附件记录表

汽车安全部件名称									

三、综合考核题（共 50 分）

准确找到所指定的汽车车身结构、车门、车身外部装饰件、车内部装饰件、车身附件装置和零件，将车身结构、车门、车身外部装饰件、车内部装饰件、车身附件零件名称记录在汽车车身构造和车身附件认识考核记录表内，见表 3-33。

表 3-33 _____型汽车车身构造和车身附件认识考核记录表

车身结构零件名称							
配分	15						
车门结构零件名称							
配分	15						
车身外部装饰件名称							
配分	15						
车内部装饰件零件名称							
配分	15						
车身附件零件名称							
配分	20						

汽车车身结构技能考核，见表 3-34。

表3-34 _____型汽车车身构造和车身附件认识考核评分表

序号	考核内容	配分	评分标准	考核记录	扣分	得分
1	车身结构零件名称	5	① 能熟悉认识车身结构零件名称 ② 不漏项			
2	车门结构零件名称	5	① 能熟悉认识车门结构零件名称 ② 不漏项			
3	车身外部装饰件名称	10	① 能熟悉认识车身外部装饰件名称 ② 不漏项			
4	车内部装饰件名称	10	① 能熟悉认识车内部装饰件名称 ② 不漏项			
5	车身附件名称	10	① 能熟悉认识车身附件名称 ② 不漏项			
6	职业素养	10	① 规范操作、安全规范 ② 学习态度			
合计		50				

四、单元五学习成绩统计

单元五的教学任务全部完成后，对本单元中的各个理论学习领域、技能训练和考核成绩等进行学习成绩统计，见表3-35。

表3-35 单元五学习成绩统计表 考核教师签字：_____

序号	考核内容	配分	评分标准	考核记录	扣分	得分
1	汽车车身构造理论知识	20	能完成所有题目，错漏一题扣1分			
2	汽车车身构造知识实践题	30	能正确完成所有规定题目			
3	典型汽车车身构造和车身附件认识考核	50	通过查看能正确写出典型汽车车身构造和车身附件的零件名称			
合计		100				

单元六　汽车电气设备知识

一、填空题（共 20 分）

1. 汽车电气设备由_____和_____两大部分组成。电源包括_____和发电机；用电设备包括发动机的_____、汽油机的点火系和其他用电装置。

2. 蓄电池的作用是供给_____用电，在发动机起动或低速运转时向发动机点火系及其他用电设备_____。当发动机高速运转时发电机发电充足，蓄电池可以_____多余的电能。蓄电池上每个单电池都有正、负极柱。

3. 起动机的作用是将电能转变成_____，带动曲轴旋转，起动发动机。起动机使用时，应注意每次起动时间不得超过_____秒，每次使用间隔不小于_____秒，连续使用不得超过_____次。若连续起动时间_____，将造成蓄电池大量放电和起动机线圈过热冒烟，极易损坏机件。

4. 点火系的作用是适时产生_____，点燃混合气，燃烧产生强大的压力，推动活塞向下运动而做功。

5. 信号系统的作用是向外界提供_____信息，以提高行车安全，减少交通事故的发生。

6. 汽车小灯既可以作为_____系统使用又可以作为_____系统使用，它装在车辆前、后部的两侧，以表示车辆的轮廓所在。前小灯可以用来表示车辆的宽度，用_____或黄色光；后小灯也叫做尾灯，一般用_____光。

7. 汽车示廓灯主要用在客车和厢式货车上，装在尽可能高的边缘部位，前后各两个，前面为_____，后面为_____。示廓灯和小灯系统并联，不受点火开关的控制。

8. 挂车灯是在挂车前部左右各设一个_____的标志灯，高度高出挂车前栏板300～400mm，距离外侧车厢小于 150mm，以起到提示其他驾驶员的作用。挂车灯和示廓灯一样和小灯系统并联，不受点火开关的控制。

9. 转向灯位于车辆的前后四角，目前很多车辆的侧面也装有很小的转向灯。转向灯一般为_____色，当车辆转弯或变换车道时，侧面的小转向灯和前后转向灯一起闪烁，示意车辆的_____。

10. 危险警告灯由_____来充当。当汽车发生故障或遇到特殊情况时，按下转向盘或控制面板上的红色带有_____符号的按钮，则汽车两侧的四个转向灯同时闪烁，对其他车辆或行人起到提示作用。

11. 制动灯也就是我们平常所说的刹车灯，装在汽车后面，一般为_____。

12. 倒车灯一般为_____，装在汽车后面，起到警告后方车辆和行人的作用。

13. 汽车在行驶时，按下喇叭按钮，喇叭就会发出声响，起到警告_____和车辆的作用。

14. 汽车照明系统的主要作用是在夜间行车时帮助驾驶员和乘员获得外界信息，同时向外界提供行车信息，以保证行车安全，改善车内照明条件。汽车照明系统可分为_____与_____两部分，主要包括_____、车厢照明、_____以及检修照明等。

15. 驾驶员座位前方的仪表板上装有各种仪表，这些仪表的作用是为了便于驾驶员掌握_____和_____的各种状况。

16. 风窗刮水器和洗涤器作用为在各种使用条件下保证_____表面干净、清洁，使驾驶员视觉效果良好。

17. 电动车窗作用是利用电动机来驱动升降器，使车窗玻璃_____移动，方便驾驶员和乘客，减少疲劳强度。

18. 电动后视镜作用是_____车辆后方、侧方和下方的情况，使驾驶员能够看清必要的间接视界，是汽车重要的_____。后视镜分外后视镜和内后视镜。内后视镜安装在车身内部，驾驶员可方便地对其进行调节。

19. 电动座椅作用为提高驾驶员和乘客的_____，满足驾驶员或乘客多种姿势的需求，获得理想的位置，在很多汽车上均把座椅设计成电动座椅。

20. 中控门锁作用为使汽车的使用更加_____和安全，在大多数轿车上广泛安装了中控门锁系统，可以实现当驾驶员侧的车门锁住或打开时，其他车门_____自动锁住或打开，而不必每个车门进行单独操作。需在车内打开个别车门时，可分别拉开各自的锁扣而打开车门。

21. 汽车空调系统的作用是根据驾驶员和乘客的需要，对汽车车厢内的空气进行_____、_____、清洁度等的调节，使汽车车厢内的空气处于比较理想的状态，从而让驾驶员和乘客感到舒服。

22. 汽车空调系统主要由 3 部分组成，即_____、_____、通风和空气净化装置。

二、实践题（共 30 分）

1. 认识汽车电源和发动机的起动系

查看汽车电源和发动机的起动系有关装置安装位置和连接情况，并将所查看到的汽车电源和发动机的起动系有关装置名称记录在表 3-36 中。

表 3-36　　　　　　　　　_____型汽车电源和发动机的起动系有关装置记录表

电源和起动系 有关装置名称								

2. 认识汽车发动机的点火系

查看发动机的点火系有关装置安装位置和连接情况，并将查看到的发动机的点火系有关装置名称记录在表 3-37、表 3-38 中。

表 3-37　　　　　　　　_____型发动机的点火系有关装置记录表

点火系有关装置名称								

表 3-38　　　　　　　　_____型发动机的点火系有关装置记录表

点火系有关装置名称								

3. 认识汽车信号系

查看汽车信号系有关装置安装位置和连接情况，并将查看到的汽车信号系有关装置名称记录在表 3-39 中。

表 3-39　　　　　　　　_____型汽车信号系有关装置记录表

汽车信号系名称								

4. 认识汽车照明系统

查看汽车照明系统有关装置安装位置和连接情况，并将查看到的汽车照明系统有关装置名称记录在表 3-40 中。

表3-40 _____型汽车照明系统有关装置记录表

汽车照明系统名称									

5. 认识汽车仪表系

查看汽车仪表，并将查看到的各种仪表和信号灯名称在各种仪表和信号灯记录表内做记录，见表3-41。

表3-41 _____型汽车各种仪表和信号灯记录表

各种仪表和信号灯名称									

6. 认识汽车辅助电气设备

查看汽车辅助电气设备，并将查看到的汽车辅助电气设备名称在汽车辅助电气设备记录表内做记录，见表3-42。

表3-42 _____型汽车辅助电气设备记录表

汽车辅助电气设备名称									

三、综合考核（共50分）

准确找到所指定的汽车电源和发动机的起动系设备、发动机的点火系设备、汽车信号系设备、汽车照明系设备、汽车仪表系设备、汽车辅助电气设备，将电源和发动机的起动系设备、发动机的点火系设备、汽车信号系设备、汽车照明系设备、汽车仪表系设备、汽车辅助电气设备名称记录在表3-43中。

表3-43 _____型汽车电气设备认识考核记录表

汽车电源和发动机的起动系设备名称								
配分	5							
发动机的点火系设备名称								

续表

汽车电源和发动机 的起动系设备名称										
配分	10									
汽车信号系设备名称										
配分	10									
汽车照明系设备名称										
配分	5									
汽车仪表系设备名称										
配分	5									
汽车辅助电气设备名称										
配分	5									

汽车电气设备技能考核，见表 3-44。

表 3-44 _____型汽车电气设备认识考核评分表

序号	考核内容	配分	评分标准	考核记录	扣分	得分
1	汽车电源和发动机的 起动系设备名称	5	① 能熟悉认识汽车电源和发动机的起动 系设备名称 ② 不漏项			
2	发动机的点火系设备名称	10	① 能熟悉认识发动机的点火系设备名称 ② 不漏项			
3	汽车信号系设备名称	10	① 能熟悉认识汽车信号系设备名称 ② 不漏项			
4	汽车照明系设备名称	5	① 能熟悉认识汽车照明系设备名称 ② 不漏项			
5	汽车仪表系设备名称	5	① 能熟悉认识汽车仪表系设备名称 ② 不漏项			

序号	考核内容	配分	评分标准	考核记录	扣分	得分
6	汽车辅助电气设备名称	5	① 能熟悉认识汽车辅助电气设备名称 ② 不漏顶			
7	职业素养	10	① 规范操作、安全规范 ② 学习态度			
合计		50				

四、单元六学习成绩统计

单元六的教学任务全部完成后，对本项目单元中的各个理论学习领域、技能训练和考核成绩等进行学习成绩统计，见表3-45。

表3-45 　　　　　　　　　　　单元六学习成绩统计表 　　　　　　考核教师签字：＿＿＿＿＿＿

序号	考核内容	配分	评分标准	考核记录	扣分	得分
1	汽车电气设备理论知识	20	能完成所有题目，错漏一题扣1分			
2	汽车电气设备知识实践题	30	能正确完成所有规定题目			
3	典型汽车汽车电气设备知识考核	50	通过查看能正确写出典型 汽车汽车电气设备的名称			
合计		100				

一、填空题（共 20 分）

1. 汽车服务业是指消费者从购车开始至所购车辆更新或报废_____中围绕汽车而开展的各种_____的一系列服务产业。包括汽车售中、售后等方面的服务。

2. 售中服务是指促成_____的服务，包括_____、广告宣传、_____与保险资讯等服务。

3. 售后服务是指整车出售后与_____相关的服务，包括_____、金融服务、_____、金融服务、事故保险、_____、旧车置换、事故救援、报废车处置、市场调查与信息反馈等。

4. 中国现在的汽车服务行业大体上可分为 7 大方面：_____；汽车整车销售业；汽车金融业；汽车保险业；_____；_____；汽车文化及汽车运动业；二手车及汽车租赁业。

5. 按照汽车营销组织的具体形式，现有的中国汽车营销模式可以分为_____、_____、_____ 3 种具体模式。

6. 汽车品牌专卖也称特许经营的专卖店，是目前汽车厂家积极推行的主要营销模式，是一种以_____为核心的汽车特许经营模式，包括整车销售（Sale）、_____（Sparepart）、_____（Service）、信息反馈（Survey）等，这类专卖店也称为 4S 店。

7. 汽车交易市场多为专卖店和_____组成的有形交易市场，众多品牌汇聚在一起，并将工商、交管、银行、保险等部门_____，帮助用户办理购车手续，给购车人提供_____，方便用户选择、比较。

8. 根据《机动车维修管理规定》，汽车维修经营业务根据经营项目和服务能力分为_____维修经营业务、_____维修经营业务和_____维修经营业务。

9. 一类、二类维修经营资质的修理厂，可以从事相应车型的_____、总成修理、整车维护、小修、维修救援和专项修理工作。一类企业和二类企业的主要区别在企业_____、技术力量强弱、设备设施等方面。

10. 三类维修经营资质为某一_____资质修理的业户，只能从事维修行业管理部门核准的_____，如_____、车身维修、电气系统维修、自动变速箱维修、_____、涂漆、轮胎动平衡和修补、四轮定位检测调整、供油系统维护和油品更换、喷油泵和喷油器维修、_____修磨、气缸镗磨、散热器（水箱）维修、_____、装饰（装潢）、玻璃安装、音响维修和蓄电池维修等。

11. 汽车金融业主要是指金融企业开展对个人和汽车经销商的_____服务。

12. 汽车保险业理赔服务，是指通过_____的规则对被保险机动车发生道路交通事故造成受伤人（不包括本车人员和被保险人）的人身伤亡、财产损失，在负责限额内予以_____的服务。

13. 2006年7月1日起我国统一实行_____，它是"交通事故责任强制保险"的简称，是一份机动车辆必须购买的_____，由保险公司对被保险机动车发生道路交通事故造成受伤人（不包括本车人员和被保险人）的人身伤亡、财产损失，在负责限额内予以补偿。

14. 汽车配件服务市场的主要分为两个部分：一个是_____维修配件的维修销售服务，一个是_____的维修销售服务。

15. 汽车用品涵盖范围很广，种类繁多，主要是用于_____和提高汽车舒适度的产品。既包括车载电话、办公系统、交通信息和_____系统等高端车载系统、公共信息系统和软件系统，也包括多媒体音响、电视、电子游艺等汽车娱乐系统，还包括内外装饰、_____等汽车配件和汽车饰品，以及_____、润滑油等普通汽车养护用品。

16. 随着国民经济迅速发展，二手车市场作为汽车市场_____组成部分，从1998年《旧机动车交易管理办法》发布到2003年5年间，二手车交易量以高于年平均_____的速度增长，实现了翻番。

17. 从二手车交易与新车销售的比例来看，我国二手车交易量约占新车销售量的三分之一，而发达国家一般为_____倍。因此，我国二手车市场还处在刚刚起步阶段，发展潜力巨大。

18. 汽车文化产业在国内还属于_____产业，其包含内容比较广，涵盖汽车模型、汽车体育、_____、汽车影视、_____、汽车广告等诸多文化。

二、论述题（共30分）

1. 分析我国目前汽车整车销售业情况。

2. 分析我国目前汽车维护保养业情况。

3. 分析我国目前汽车金融业情况。

4. 分析我国目前汽车保险业情况。

5. 分析我国目前汽车美容装饰业情况。

6. 分析我国目前汽车配件销售业情况。

7. 分析我国目前二手车交易业情况。

三、实践题（共 50 分）

1. 到汽车销售 4S 店见习，对汽车销售业购车金融服务（个人汽车信贷、经销商汽车信贷）、汽车交易市场、汽车专卖店、混合销售业、汽车维修保养业、汽车保险业保险理赔服务形成感性认识。了解汽车维修与检测工作，掌握维修保养、汽车整车销售、运行和维护等技术，了解汽车产品的营销与技术服务等工作的职业规范。在见习结束后，完成见习报告。

_____

_____

_____

_____

_____

_____

_____

_____

_____

_____

_____

_____

得分：　　　　　　指导教师签字：

2. 到汽车美容专业店见习，对汽车美容业形成感性认识。了解汽车的美容与装饰的保养、运行和维护等工作的职业规范。在见习结束后，完成见习报告。

_____

_____

_____

_____

_____

_____

_____

_____

_____

_____

_____

_____

_____

_____

得分：　　　　　　指导教师签字：

3. 到二手车交易市场见习，对二手车交易业形成感性认识。了解汽车二手车交易市场现状、二手车鉴定与评估等工作的职业规范。在见习结束后，完成见习报告。

_____

_____

_____

_____

_____

_____

_____

_____

_____

_____

_____

_____

_____

得分：　　　　　　指导教师签字：

4. 到汽车配件、汽车用品市场见习，对汽车配件、汽车用品服务业形成感性认识。了解汽车的汽车配件管理、汽车产品的营销与技术服务等工作的职业规范。在见习结束后，完成见习报告。

　　　　　　　　　　　　　　　　　　　　　　　　　　得分：　　　　　　　　指导教师签字：

四、项目四学习成绩统计

　　项目四的教学任务全部完成后，对本项目中的各个理论学习领域、技能训练成绩等进行统计，见表4-1。

表4-1　　　　　　　　　　　　　项目四学习成绩统计表　　　　　　考核教师签字：_____

序号	考核内容	配分	评分标准	考核记录	扣分	得分
1	我国汽车服务业理论知识	20	能完成所有题目，错漏一题扣1分			
2	汽车服务业分析论述题	30	能正确完成所有题目			
3	汽车服务业实践	50	赴汽车服务企业见习后，完成见习报告			
合计		100				

一、填空题（共 40 分）

1. 热爱汽车维修其主要内容是什么？

（1）爱岗敬业。主要表现为：＿＿＿＿＿＿、＿＿＿＿＿＿、注重务实、服务行业。

（2）乐于奉献。指＿＿＿＿＿＿，＿＿＿＿＿＿，积极为汽车维修行业发展，为整个道路运输业发展服务，在汽车维修工作岗位上发扬忘我的工作精神。

（3）钻研业务。指为事业刻苦学习、勇于钻研，＿＿＿＿＿＿，这也是一种爱岗敬业的具体表现。

（4）艰苦奋斗。保持艰苦奋斗的光荣传统和创业精神，反对追求豪华、奢侈浪费的不良风气，＿＿＿＿＿＿、＿＿＿＿＿＿。

2. 忠于职守是每一位汽车维修从业人员尤其是具有一定职权的管理人员必须履行的＿＿＿＿＿＿，也是汽车维修从业人员基本的＿＿＿＿＿＿。能否做到忠于职守、尽职尽责、勤奋工作、严格把关、不弄虚作假，是衡量每一位汽车维修从业人员＿＿＿＿＿＿水平的重要标志。

3. 忠于职守主要表现为：（1）严格把关。严格按照汽车维修各项工艺技术标准，进行汽车维修工作，＿＿＿＿＿＿，＿＿＿＿＿＿，自觉维护各项技术工艺标准的严肃性，保证汽车维修质量的有效管理。（2）遵守行规，行约。行规、行约是行业活动中的＿＿＿＿＿＿，是确保行业风气好转的有效措施。只有做到对行业负责，才能做到对法律负责，对国家负责，对人民负责。（3）尽职尽责、敢于管理。应努力培养自己的＿＿＿＿＿＿，敢于依法管理，敢于负责任、敢于承担风险。（4）一心为公。指汽车维修从业人员要自觉树立＿＿＿＿＿＿的共产主义精神。

4. 依法管理是实现汽车维修质量管理最重要的指导思想和基本原则，是规范所有汽车维修行业管理活动的一系列原则中处于核心地位的法制原则，是各级维修从业人员必须遵循的＿＿＿＿＿＿。

5. 团结协作的含义是坚持集体主义原则，以平等友爱、_____、共同发展的精神处理好内外团结，正确处理国家、集体和个人三者关系，_____于改革发展和稳定的大局。

6. 自觉接受监督的含义是汽车维修从业人员必须依照法律、规章的有关规定，无条件地接受和服从国家权力机关、上级行政机关等对汽车维修工作的_____。

7. 廉洁奉公的含义是指汽车维修从业人员要坚决执行党中央、国务院关于严格自律、廉洁从政的各项要求，加强个人_____，树立正确的_____、_____、价值观，努力做到清正廉明、反腐拒贿、不谋私利、一心为公。

8. 为加强机动车维修从业人员从业资格管理，提高机动车维修技术人员素质，确保机动车维修质量，中国汽车维修行业协会编制了国家标准_____。根据交通部令 2006 年第 9 号《道路运输从业人员管理规定》，国家对道路运输从业人员实行从业资格考试制度。

9. 国家标准《机动车维修从业人员从业资格条件》规定机动车维修从业人员 10 个岗位：机动车维修企业负责人、机动车维修技术负责人、机动车维修质量检验员、_____、_____、钣金（车身修复）人员、涂漆（车身涂装）人员、_____、机动车维修业务员、机动车维修价格核算员。

10. 《机动车维修从业人员从业资格条件》中明确机修人员岗位职责。

（1）执行与本岗位相关的_____、规章、标准和_____。

（2）从事发动机、底盘及其控制系统的_____和维修作业。

（3）在生产过程中执行_____，按工艺规范正确完成发动机、底盘及其控制系统的维修作业。

（4）协助质量检验员工作，对机修_____负责。

（5）指导和培训本岗位其他人员的_____。

（6）_____其他岗位的工作。

（7）负责本岗位技术问题的_____、整理和上报。

（8）负责本岗位的_____。

11. 《机动车维修从业人员从业资格条件》中明确机修人员基本条件。

（1）具有_____以上（含高中）文化程度。

（2）连续从事机修工作_____年以上，或本专业中职毕业连续从事机修工作_____年以上，或本专业高职以上（含高职）毕业连续从事机修工作 1 年以上。

12.《机动车维修从业人员从业资格条件》中明确机修人员具备的专业知识。

（1）了解与本岗位相关的法规、_____、_____和规范，熟悉本岗位的工时定额和收费标准，了解其他岗位的工时定额和收费标准。

（2）熟悉_____、环境保护和质量管理的知识。

（3）熟悉电工电子学的基本知识，掌握机动车_____知识。

（4）掌握_____、液压传动、公差与配合、_____知识。

（5）掌握机动车_____专业知识，了解机动车新材料、新工艺、新设备和新技术。

（6）掌握发动机、底盘及其控制系统零部件的_____方法。

（7）掌握发动机、底盘及其控制系统_____和竣工验收标准。

（8）掌握发动机、底盘及其控制系统_____和方法。

（9）了解常用维修检测仪器和设备的_____。

13.《机动车维修从业人员从业资格条件》中明确机修人员具备的专业技能。

（1）具有完成机动车发动机、底盘及其控制系统的故障诊断和_____的能力。

（2）能熟练使用维修检测仪器和设备_____并_____。

a. 能熟练使用故障诊断仪进行故障代码、动态数据流检测，能根据检测结果进行_____，准确诊断并_____。

b. 能熟练使用_____进行电控单元编码、匹配和设定操作，能对防盗系统进行匹配设定和配钥匙。

c. 能熟练使用_____进行相关波形检测，能根据波形进行故障分析，准确诊断并排除车辆故障。

d. 能熟练使用_____进行发动机性能检测，能根据检测结果准确诊断并排除车辆故障。

e. 能熟练使用_____进行尾气检测，能根据尾气检测结果准确诊断并排除车辆故障。

f. 能熟练使用_____对车辆进行温度检测，能根据检测结果准确诊断并排除车辆故障。

g. 能熟练使用_____进行车轮定位检测，并能根据检测结果准确诊断并排除车辆故障。

（3）能熟练应用技术资料解决本岗位的_____。

（4）具有_____、分析处理本岗位技术问题的能力。

（5）能对本岗位其他人员进行培训并指导其完成_____。

二、撰写题为"如何成为一个合格的汽车服务行业从业人员"的报告（共 60 分）

_____

_____

_____

_____

_____

_____

_____

_____

_____

_____

_____

_____

_____

_____

_____

_____

_____

_____

三、项目五学习成绩统计

项目五的教学任务全部完成后，对本项目中的各个理论学习领域成绩等进行统计，见表 5-1。

表 5-1　　　　　　　　　项目五学习成绩统计表　　　　　　考核教师签字：_____

序号	考核内容	配分	评分标准	考核记录	扣分	得分
1	汽车服务行业从业人员要求知识	40	能完成所有题目，错漏一题扣 2 分			
2	撰写题为"如何成为一个合格的汽车服务行业从业人员"的报告	60	能按要求完成			
合计		100				

本课程的教学任务全部完成后，对本课程中的各个理论学习领域、技能训练和考核等成绩进行统计，见表 5-2。并做出综合职业能力评价。

表 5-2　　　　　　　　　　　　课程学习综合成绩登记表　　　　　考核教师签字：＿＿＿＿＿＿

项目一 10%			项目二 30%			项目三 45%						项目四 5%	项目五 10%	总分
单元一 3%	单元二 4%	单元三 3%	单元一 10%	单元二 10%	单元三 10%	单元一 5%	单元二 10%	单元三 10%	单元四 10%	单元五 5%	单元六 5%	项目四	项目五	